Anforderungen des Datenmanagements im B2B Customer-Relationship-Management

Bibliografische Information der Deutschen Nationalbibliothek:

Die Deutsche Nationalbibliothek verzeichnet diese Publikation in der Deutschen Nationalbibliografie; detaillierte bibliografische Daten sind im Internet über http://dnb.d-nb.de abrufbar.

ISBN: 9783389021767
Dieses Buch ist auch als E-Book erhältlich.

© GRIN Publishing GmbH
Trappentreustraße 1
80339 München

Druck und Bindung: Books on Demand GmbH, Norderstedt Germany
Gedruckt auf säurefreiem Papier aus verantwortungsvollen Quellen

Das vorliegende Werk wurde sorgfältig erarbeitet. Dennoch übernehmen Autoren und Verlag für die Richtigkeit von Angaben, Hinweisen, Links und Ratschlägen sowie eventuelle Druckfehler keine Haftung.

Das Buch bei GRIN: https://www.grin.com/document/1472293

Hausarbeit

Anforderungen des Datenmanagements im B2B Customer-Relationship-Management

Modul: Digital B2B Marketing

Abgabedatum: 24.07.2023

Inhaltsverzeichnis

Abbildungsverzeichnis

Abkürzungsverzeichnis

1 Einleitung

Durch die Digitalisierung steigt die weltweit verfügbare Datenmenge Tag für Tag an. Kaum ein Unternehmen kommt noch gänzlich ohne die Verarbeitung digitaler Daten aus. Aus dieser Entwicklung entsprang der Begriff *Big Data*, welcher für die steigende Datenmenge (Volume), die heterogenen Datenformate (Variety) sowie die kürzer werdenden Datenlebenszyklen (Velocity) steht (Fraunhofer SIT, 2020, S. 13). Durch die Nutzung möglichst spezieller (Kunden-)Daten lassen sich potenzielle Kunden am gezieltesten ansprechen, was die Absatzchancen erhöht. Gerade in Zeiten immer individuellerer Kundenbedürfnisse, ermöglicht ein auf Daten basierendes Customer-Relationship-Management und Marketing somit Wettbewerbsvorteile in Form von Personalisierung und Individualisierung (vgl. Anshari et al., 2019). Um solche Wettbewerbsvorteile zu erreichen, müssen Unternehmen jedoch viele Daten sammeln, verarbeiten und auch pflegen. Es stellt sich die Forschungsfrage: *Welche Anforderungen stellt das Datenmanagement im Customer-Relationship-Management an B2B Unternehmen?* Die vorliegende Arbeit soll sowohl die Herausforderungen des Datenmanagements im Kontext des B2B Customer-Relationship-Managements identifizieren, als auch aktuelle Konzepte und Erkenntnisse dieses Forschungsbereichs zusammenführen. Das Datenmanagement enthält als übergeordnetes Thema auch Aspekte wie Datensicherheit, Datenschutz, IT-Recht, sowie eingesetzte Technologien. Der Fokus der Arbeit liegt jedoch auf den Teilaspekten der Datengenerierung, Nutzung und Pflege und bewegt sich somit stärker im theoretischen Forschungsbereich der Informationstechnologie.

Als Forschungsmethode wird eine qualitative Literaturarbeit zugrunde gelegt. Neben relevanter Fachliteratur werden Studien und wissenschaftliche Fachaufsätze herangezogen, um die Forschungsfrage zu beantworten und Lücken im Forschungsstand aufzuzeigen. Dazu betrachtet die Arbeit zunächst die theoretischen Grundlagen des Customer-Relationship-Managements und des Datenmanagements, um zentrale Begriffe und Konzepte vorzustellen. Im anschließenden Kapitel werden die größten Herausforderungen des Datenmanagements untersucht. Für die Beantwortung der Forschungsfrage werden daraufhin die theoretischen Konzepte des Datenmanagements vorgestellt und in den Kontext des B2B Customer-Relationship-Managements gesetzt. Das abschließende Fazit fasst die Forschungsergebnisse zusammen und formuliert eine Antwort auf die Forschungsfrage.

2 Theoretische Grundlagen

2.1 Relevanz von Daten im Customer-Relationship-Management

In diesem Kapitel soll die Relevanz des Datenmanagements aufgezeigt, sowie der Zusammenhang zum B2B Customer-Relationship-Management (CRM) hergestellt werden.

Ganz allgemein sorgt der Teilbereich des Datenmanagements für die Gewinnung und Verarbeitung von Rohdaten, sodass daraus Wissen und Erkenntnisse gewonnen werden, welche wiederum die Grundlage für Entscheidungen im Unternehmen bilden. Durch diesen Zusammenhang wird auch die Wichtigkeit einer hohen Datenmenge und Datenqualität deutlich (siehe Abbildung 1). Wie einleitend erwähnt, beschäftigt sich das Themenfeld Big Data mit dem Management und der Auswertung großer Datenmengen. Big Data besitzt dadurch große Schnittpunkte mit dem Feld des Datenmanagements.

Abb. 1: Einordnung des Datenmanagements

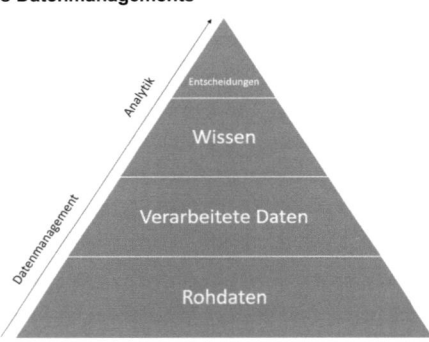

Rohdaten bilden die Basis für Entscheidungen im Unternehmen (Quelle: Eigene Darstellung in Anlehnung an Hildebrand et al., 2008).

Das Datenmanagement spielt insbesondere im B2B CRM eine wichtige Rolle. Unter B2B (Business-to-Business) wird nach dem Vier-Marktformen-Modell die Handelsbeziehung zwischen zwei Unternehmen verstanden (vgl. Deges, 2020, S. 43). Das Customer-Relationship-Management umfasst die strukturierte Organisation der Prozesse zur Kundenbeziehung, einschließlich der Erfassung und Speicherung von Kundeninformationen in einer Datenbank. Dadurch wird es ermöglicht, personalisierte und individuellere Leistungen anzubieten und damit einen größere Wertschöpfung zu erzielen. Außerdem optimiert CRM die Kontaktpunkte zum Kunden und fördert die Kundenbindung (Umbach, 2022, S. 207; vgl. Anshari et al., 2019). Ein professionelles Datenmanagement und eine vollständige, aktuelle Datenbasis bilden somit eine wichtige Grundlage für das CRM, aber auch das digitale Marketing eines Unternehmens. Als Standardwerkzeug im CRM kommen sogenannte CRM-Systeme wie Salesforce, SAP CRM oder Hubspot zum Einsatz. Es existieren mittlerweile sowohl für kleine Unternehmen, als auch Konzerne, verschiedene CRM-Softwares am Markt.

2.2 Datenarten und Datenquellen

Daten können in verschiedenen grundlegenden Formen vorliegen. Bei digitalen *Texten* ist der *American Standard Code for Information Interchange* (ASCII), welcher jedem

Zeichen eine eindeutige Bitfolge zuordnet, sehr verbreitet. Bei digitalen *Bildern* wird jedem Pixel eine 1- bis 32-stellige Bitfolge zugewiesen. Für die Digitalisierung von *Ton* werden Analog-Digital-Wandler verwendet (Kollmann, 2022, S. 3 f.). In der Informatik wird auch von Datentypen gesprochen. Das Wissen über Datentypen ist häufig auch für die Anwendung von CRM-Systemen relevant, da hier benutzerdefinierte Daten in geeigneten Strukturen gespeichert werden müssen. Die Informatik unterscheidet innerhalb der *primitiven Datentypen* die *numerischen Datentypen*, also Zahlen und den *Boolean*, welcher die Zustände wahr oder falsch einnehmen kann. Zu den *Referenzdatentypen* gehören *Arrays* (Felder von Daten), *Strings* (Zeichenketten) oder auch *Klassen*, wie beispielsweise eine Date-Klasse, welche für die Darstellung und Berechnung von Kalenderdaten verwendet wird (vgl. Newville, 2020).

Kernbegriffe im Datenmanagement sind ebenfalls die der *dynamischen Daten*, welche sich in unterschiedlichen, aber regelmäßigen Abständen verändern und die der *statischen Daten*, welche sich über eine lange Zeit nicht ändern. Die Grenze zwischen dynamischen und statischen Daten ist nicht klar definiert und hängt vom System ab (vgl. Loshin, 2008, S. 5-8). Im Unternehmenskontext spricht man bei statischen Daten auch von *Stammdaten*. Häufig enthalten diese Informationen über Kunden und Mitarbeiter. Bei den dynamischen Daten spricht man häufig auch von *Bewegungsdaten* (siehe Abbildung 2).

Abb. 2: Zusammenhang von Datenquellen und Datenarten

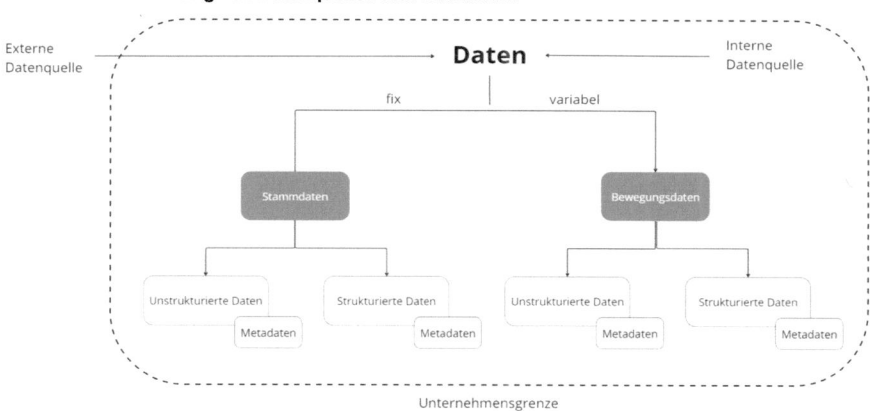

Daten können als Stammdaten oder Bewegungsdaten vorliegen (Quelle: Eigene Darstellung).

Weiterhin spricht man von *strukturierten Daten*, wenn diese in standardisierten Formaten vorliegen, wie beispielsweise im JSON- oder XML-Format. *Unstrukturierte Daten* hingegen unterliegen keinem standardisierten Format und können in beliebiger Form vorliegen (Cleve & Lämmel, 2016). Unstrukturierte Daten bergen im Datenmanagement

3

besondere Herausforderungen, auf welche im folgenden Kapitel eingegangen wird. Es können auch selbstreferentielle Informationen über Daten vorliegen, wie das Datum der Entstehung oder die letzte Änderung. In diesem Fall spricht man von *Metadaten* (Rehak, 2019).

Daten können nicht nur hinsichtlich ihrer Art oder ihres Typs unterschieden werden. Auch bei der Datenquelle gilt es zu differenzieren, da diese mitunter Einfluss auf die Datenqualität nimmt. Grundlegend lassen sich Datenquellen in *externe* und *interne Datenquellen* unterteilen. Dabei entscheidet der Erhebungsort, ob die Daten außerhalb des Unternehmens oder innerhalb des Unternehmens gewonnen wurden. Zu den externen Datenquellen können beispielsweise soziale Medien, offizielle Statistiken, öffentliche Marktdaten und Wettervorhersagen gehören. Zu den internen Datenquellen können Website-Logs, Kundendaten, Sensordaten und interne Dokumente gehören (vgl. Bekker, 2018).

3 Herausforderungen des Datenmanagements

3.1 Governance

Im Kern der Frage nach den Herausforderungen des Datenmanagements im Unternehmen stößt man auf den Begriff des Stammdatenmanagements, respektive des Master Data Managements (MDM). Das MDM beschäftigt sich damit, wie Stammdaten im Unternehmen optimal gesammelt und gepflegt werden können. Wie der Name es schon impliziert, liegt der Fokus dabei auf den Stammdaten eines Unternehmens, nicht auf den Bewegungsdaten. Der Grund dafür ist, dass Stammdaten aufgrund ihres meist langen Lebenszyklus mehr Pflegeaufwand und Aufmerksamkeit benötigen, zudem jedoch auch einen höheren Mehrwert bieten (vgl. Loshin, 2008, S. 1-12). Um den Umfang der Arbeit nicht zu übersteigen, wird daher nur das Stammdatenmanagement betrachtet und nicht auf das Management von Bewegungs- oder Metadaten eingegangen.

Abb. 3: Handlungsfelder des Master Data Managements

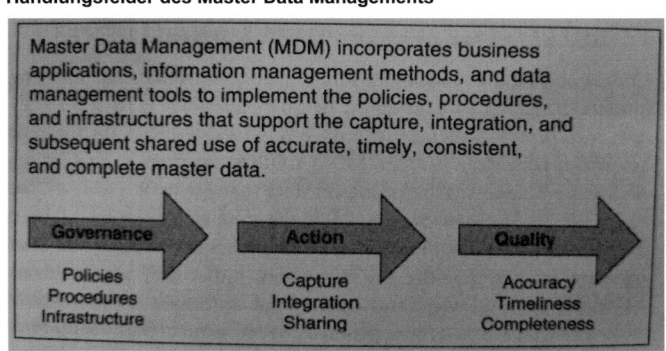

Das MDM unterteilt sich in die drei Handlungsfelder *Governance*, *Aktion* und *Qualität* (siehe Abbildung 3). Im Idealfall sind sie in ebendieser Reihenfolge hintereinander geschaltet und bilden einen sicheren und lückenlosen Prozess (Loshin, 2008, S. 9). Die *Governance* beschäftigt sich dabei vor allem mit der Aufstellung und Einhaltung von Datenrichtlinien, welche sowohl externen Einflüssen, wie den lokalen Gesetzen, aber auch internen Ansprüchen genügen müssen. Der Datenschutz und die Datensicherheit stellen für ein Unternehmen nicht zu vernachlässigende Aufgaben dar. Verstöße gegen Datenschutzrichtlinien, werden mit hohen Strafen geahndet. Im Fall der DSGVO können diese beispielsweise bis zu 20 Millionen Euro oder 4% des gesamten weltweit erzielten Umsatzes betragen (Datenschutz-Grundverordnung 2016/679, Art. 83 Abs. 4). Doch auch aus Reputationsgründen stellt eine geregelte Data Governance einen kritischen Erfolgsfaktor dar. Aufgrund des begrenzten Umfangs der Arbeit sollen die Unterthemen Datenschutz und Datensicherheit nicht näher betrachtet werden. Neben der Vorgabe und Einhaltung von Datenschutz- und Datensicherheitsrichtlinien befasst sich die Governance im MDM außerdem mit der Definition der zugehörigen Prozesse und nimmt Einfluss auf die verwendete IT-Infrastruktur, sodass bereits von Anfang an ein sicheres Fundament für die Arbeit mit Stammdaten gelegt wird. Zudem stellt die Governance sicher, dass die Dateninfrastruktur der strategischen Ausrichtung des Unternehmens folgt (Loshin, 2008, S. 67 ff.).

3.2 Aktion

Das zweite Handlungsfeld des MDM beschäftigt sich primär mit der *Datensammlung*, *Integration* und *Teilung* (Loshin, 2008, S. 9). Im Rahmen der *Datensammlung* können die gewonnenen Daten sowohl von internen als auch externen Datenquellen stammen. Bereits im Schritt der Datensammlung kann ein Einfluss auf deren Qualität genommen werden, beispielsweise indem ein Website-Kontaktformular für Leads über Schnittstellen die Gültigkeit der eingetragenen E-Mail, Telefonnummer oder Adresse prüft. Auf den Faktor Qualität im MDM wird im folgenden Kapitel näher eingegangen. Die Teilung bezeichnet den Vorgang, bei dem die gewonnen Daten an verschiedenen Stellen im oder außerhalb des Unternehmens zur Verfügung gestellt werden. Zu diesem Zweck wurden verschiedene Sharing- und Synchronisierungs-Modelle entwickelt. Das einfachste Beispiel hierfür ist das *Registry-Data-Sharing-Modell*, bei der einzelne Attribute aus verschiedenen Quellen und Systemen in einer Stammdaten-Registry zusammengeführt werden (Loshin, 2008, S. 209 f.). Diese Möglichkeit bildet in der Praxis eine vergleichsweise simple und kostengünstige Möglichkeit um eine ganzheitliche Sicht auf Kundendaten zu erhalten, die über verschiedene Abteilungen verstreut liegen können. Weitere Sharing-Modelle sind beispielsweise das *Repository-Data-Sharing-Modell,* das *hybride*

Modell und das MDM Cache Modell, auf welche aufgrund des Arbeitsumfangs nicht näher eingegangen wird (Loshin, 2008, S. 210-214). Bei der *Datenintegration* werden die gesammelten Daten so aufbereitet, dass sie für verschiedene Systeme nutzbar sind. Die Schwierigkeit dabei liegt an häufig unterschiedlichen Datenformaten, Variationen in Schreibweisen, fehlenden Informationen und Schnittstellen (Loshin, 2008, S. 177 ff.). Wichtige Methoden der Datenintegration sind *Extract, Transform, Load* (ETL), *Extract, Load, Transform* (ELT), *Change Data Capture* (CDC), die *Datenreplikation* und die *Datenvisualisierung* (Stedman & Vaughan, 2023). Eine weitere große Herausforderung bei der Datenintegration liegt vor, wenn Daten unstrukturiert vorliegen, da sie in unstrukturierter Form für IT-Systeme häufig nicht nutzbar sind. Für die Strukturierung von unstrukturierten Daten existieren verschiedene manuelle und automatisierte Methoden. Der Einsatz von künstlicher Intelligenz stellt bei dieser Herausforderung zukünftig große Effizienzgewinne in Aussicht.

3.3 Qualität

Das dritte Handlungsfeld des MDM befasst sich mit der *Datenqualität* und stellt auch hierbei Unternehmen vor große Herausforderungen. Damit Daten brauchbar werden und als Grundlage für Analysen und daraus entstehenden Erkenntnissen dienen können, müssen diese mehrere Qualitätskriterien erfüllen. Zum einen müssen Datensätze dabei möglichst *vollständig* sein. Zum anderen müssen Datensätze auch *aktuell* sein. Während einige Stammdaten, wie beispielsweise die Firmenadresse eines Kunden, sich in der Regel nur selten ändern, sollten dynamischere Daten im Marketing- und Vertriebs-Prozess stets den aktuellen Stand widerspiegeln. Außerdem müssen Daten *valide* sein (vgl. Trautmann et al., 2017). Eine weitere häufige Herausforderung sind *Duplikate* in Datensätzen. Diese sind besonders problematisch, da sie den Aufwand im Datenmanagement nicht nur erhöhen, sondern auch wenn unbemerkt, Prozesse komplett untergraben können (vgl. Loshin, 2008, S. 89-93). Für das Management von Duplikaten in Stammdaten bieten moderne CRM-Systeme oft integrierte Tools, welche diese eigenständig finden und markieren. Auch im Bereich des Duplikate-Managements bieten sich zukünftig besonders hohe Chancen beim Einsatz künstlicher Intelligenz. Auch die *Formatstreue*, also die Nutzung eines einheitlichen Datenformats bei der Speicherung und dem Austausch von Daten, ist eine Herausforderung des MDMs. Insbesondere dann, wenn verschiedene Systeme über Schnittstellen miteinander Daten austauschen müssen (vgl. Loshin, 2008, S. 92).

Doch nicht nur die eingesetzten IT-Systeme, sondern auch Menschen können einen Einfluss auf die Datenqualität nehmen. Besonders bei fehlenden Schnittstellen oder nur schwer automatisierbaren Aufgaben sind Datensysteme immer noch auf die manuelle Arbeit von Mitarbeitern angewiesen. Dabei entstehen nicht selten Fehler, etwa in Form von Tippfehlern, Zuordnungsfehlern, unvollständigen Datensätzen oder Daten in falschen Formaten. Diese müssen nicht zwangsläufig von den eigenen Mitarbeitern begangen werden. Es kann sich beispielsweise auch um falsche Angaben eines Leads im Rahmen der Kontaktaufnahme handeln. Um solche menschlichen Fehler zu verringern, lassen sich verschiedene Technologien einsetzen. Ein einfacheres Beispiel hierfür ist die Nutzung eines Datepicker-Felds im HTML-Quellcode eines Website-Lead-Formulars, anstelle der manuellen Eingabe eines Datums. Ein komplexeres Beispiel hingegen wäre die Nutzung von künstlicher Intelligenz, welche Datensätze auf Fehler prüft. Für eine bestmögliche Datenqualität gilt es daher eine Gesamtsicht auf das Datenmanagement und Datenflüsse im Unternehmen zu erhalten und mögliche Fehlerquellen von Mensch und Maschine von Anfang an zu minimieren (vgl. Stedman & Vaughan, 2023). An dieser Stelle existiert eine Schnittstelle zur vorher skizzierten Data Governance.

4 Kernkonzepte des Datenmanagements

Im Laufe der Zeit hat die Informationstechnologie verschiedene Konzepte und Systemarchitekturen hervorgebracht, welche das Datenmanagement erleichtern und die im vorangegangenen Kapitel genannten Handlungsfelder berücksichtigen. Im Kern eines Datenmanagementsystems steht dabei immer ein sogenanntes *Master Repository*, welches die Gesamtheit aller vorliegenden Stammdaten enthält. Aufgrund ebendiesem Merkmal wird deswegen auch vom Single-Source-of-Truth (SSOT) Prinzip gesprochen. Weil sich das Datenmanagement immer nach den Unternehmenszielen, sowie den vorliegenden Daten richtet, kann das Master Repository logisch sowie physisch unterschiedliche Formen annehmen. Unabhängig von der Form des Master Repositorys gilt das Prinzip der *Minimal Master Registry*, welches verschiedenen Datengruppen einen einzigartigen Identifier zuweist (Loshin, 2008, S. 144). Da verschiedene Datenquellen meist auch eine unterschiedliche Semantik und Syntax der Daten anliefern, müssen diese vor der Einspielung ins Master Repository stets in das konsistente Format des Master Repositorys überführt werden. Hierfür können sogenannte *Consolidation Platforms* eingesetzt werden. Die Rückführung der Daten aus dem Master Repository an die verschiedenen Applikationen, in denen sie benötigt werden, kann dann wiederum in der für die Applikation verständlichen Form erfolgen (siehe Abbildung 4). Die Architektur selbst sollte möglichst skalierbar und erweiterbar geplant werden, sodass sie bei Wachstum des Unternehmens ebenfalls mitwachsen kann (Loshin, 2008, S. 146-149).

Um den Unternehmenszielen gerecht zu werden müssen die gespeicherten Datenattribute in den Stammdaten regelmäßig evaluiert und gegebenenfalls erweitert oder gekürzt werden, was wiederum auch Implikationen für das System selbst oder vorhandene Schnittstellen haben kann. Aus diesem Grund eignet sich besonders eine Dokumentation der Datenarchitektur. Es muss auch ein *Daten-Lebenszyklus* definiert werden, sodass das Master Repository nicht als reines Nachschlagewerk verwendet wird, sondern die Daten darin regelmäßig aktualisiert werden. Dafür eignet sich beispielsweise das sogenannte *CRUD-Prinzip* der Informatik, welches für die verschiedenen Datenoperationen Create (erschaffen), Read (auslesen), Update (aktualisieren) und Delete (löschen) steht (Loshin, 2008, S. 155 f.).

Abb. 4: Datenaustausch im MDM-System

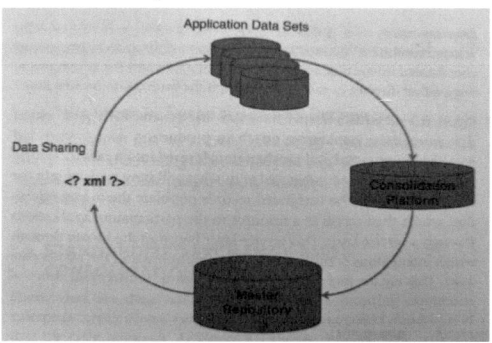

Zwischen dem Master Repository und den Applikationen werden Daten geteilt und konsolidiert (Quelle: Loshin, 2008, S. 147).

In der Praxis haben sich vor diesem Hintergrund besonders CRM-Systeme etabliert. CRM-Systeme bieten die Möglichkeit, Kundendatensätze zu erstellen und auch zu pflegen. Die meisten CRM-Systeme bieten zudem Automatisierungsmöglichkeiten und diverse Schnittstellen etwa zum ERP-System des Unternehmens, aber auch zu Vertriebs- und Marketingsoftwares. Aus der steigenden Relevanz eines soliden Datenmanagements haben sich in den vergangenen Jahren auch die ersten Customer Data Plattformen (CDP) entwickelt. Bei CDPs handelt es sich um den Versuch, das Kundendatenmanagement über den gesamten Kundenlebenszyklus abzubilden. Im Gegensatz zu CRM-Systemen beschränken sich CDPs also nicht auf nur wenige Kanäle oder die Leadgenerierung und den Vertrieb, sondern verwalten alle gesammelten Daten vom Erstkontakt mit einem Lead bis zur Beendigung der Geschäftsbeziehung und gegebenenfalls sogar noch darüber hinaus in Form von Rückgewinnungsaktionen (Rashedi, 2013, S. 26-32). Im Gegensatz zu CRM-Systemen haben CDPs bislang noch nicht den Einzug in viele Unternehmen gefunden, was unter anderem an der höheren Komplexität und auch der Neuartigkeit liegen mag.

5 Implikationen für das CRM in B2B Unternehmen

Das umfangreiche Thema des Datenmanagements, sowie dessen größten Herausforderungen und Kernkonzepte, wurde in den letzten Kapiteln möglichst konsolidiert ausgeführt. Für die Beantwortung der Forschungsfrage sollen nun auf dieser Grundlage die

Implikationen für B2B Unternehmen untersucht werden. Zunächst stellt sich die Frage, an welchen Stellen im Unternehmen das Datenmanagement eine Rolle spielt. Wie bereits dargelegt versucht das Datenmanagement möglichst alle relevanten Datensätze im Unternehmen zu speichern und für Auswertungen bereitzustellen. Dabei kann es sich zum Beispiel um Produktionsdaten, Maschinendaten, Kundendaten oder Daten aus dem Marketing handeln. Während ein produzierendes Unternehmen viele Daten in der Produktion generiert, liegen bei B2B-Händlern viele Produktdaten und bei B2B-Dienstleistern primär Kundendaten vor. Da sich das Datenmanagement stets an den Unternehmenszielen und dessen Wertschöpfungsprozessen orientieren sollte, entscheidet daher schlussendlich der Unternehmenskontext, welche Entitäten und Attribute digital abgebildet werden (vgl. Loshin, 2008).

Ein für alle B2B-Unternehmen hohes Potenzial besteht jedoch im Marketing- und Vertriebsbereich, da hier insbesondere beim Einsatz von digitalen Marketing-Strategien viele Daten generiert werden. Im B2B-Bereich hat die Kundenbindung einen deutlich höheren Stellenwert als im B2C-Bereich, woraus automatisch auch das Bedürfnis nach individuelleren Kaufprozessen entsteht (Umbach, 2022, S. 207; vgl. Anshari et al., 2019). Die im Marketing generierten Daten können beispielsweise in einem CRM-System zu einem vollständigen Kundendatensatz zusammengeführt werden, welcher dann ebenfalls mit anderen Abteilungen, zum Beispiel mit dem Vertriebsteam oder der Buchhaltung, geteilt werden kann. Es entsteht eine umfangreiche Geschäftskundenkartei, welche jederzeit alle wichtigen Informationen bereithält und auch die Automatisierung von wiederkehrenden Prozessen, wie die Angebots- und Rechnungsstellung, Marketing-Kampagnen und das Reporting ermöglicht. Zudem ermöglicht eine umfassende Sicht auf den Kunden die im Marketing weit verbreitete Methode der Kundensegmentierung, um die Kunden basierend auf gemeinsamen Eigenschaften individueller ansprechen zu können (vgl. Trautmann et al., 2017).

Auch wenn viele B2B Unternehmen die Bedeutung von datenbasierten Entscheidungen anerkennen, stehen sie in der Praxis häufig vor Problemen bei der Einführung des Datenmanagements. Dazu gehören insbesondere die nicht definierten Standard-Datensets und Qualitätsrichtlinien, die dezentrale Datenspeicherung, Inkonsistenzen zwischen Datenspeichern, die allgemein schlechte Qualität der vorhandenen Daten und Schwierigkeiten bei der Datenpflege (Petrovic, 2020, S. 45). Die Grundprinzipien und Frameworks des MDM können an dieser Stelle unterstützen. Dabei geht es nicht darum, möglichst viele Daten zu speichern. Dies kann sogar Nachteile haben. Denn das Erhöhen der Anzahl der überwachten Datensätze, das Verwalten von mehr Attributen und das Erreichen einer perfekten Qualität mag technisch und funktional sinnvoll sein, aber es ist nicht profitabel (Petrovic, 2020, S. 46). Vielmehr zeigt die aktuelle Erkenntnislage, dass

Unternehmen auf eine hohe Datenqualität und zentrale, persistente Speicherung Wert legen sollten.

6 Zusammenfassung

In dieser Hausarbeit wurden die Herausforderungen und Konzepte des Datenmanagements im B2B Customer-Relationship-Management analysiert. Dafür wurde eine umfassende Literaturanalyse durchgeführt, welche sowohl Fachliteratur als auch aktuelle Studien umfasste. An dieser Stelle ist anzumerken, dass im Rahmen der vorliegenden Arbeit keine empirischen Untersuchungen durchgeführt wurden. Es wird empfohlen, die Ergebnisse in einem nachfolgenden Schritt mittels qualitativer Interviews mit betroffenen Unternehmen zu überprüfen.

Vor der einleitenden Forschungsfrage lässt sich zusammenfassen, dass beim Datenmanagement im B2B CRM vor allem die Faktoren Governance, Datenintegration und Datenqualität eine große Rolle spielen. Eine vollständige und vor allem aktuelle Datenbasis ermöglicht nicht nur bessere Entscheidungen im CRM, sondern auch Automationspotenziale und gezieltere Marketingkampagnen mithilfe von Kundensegmentierung. Es wurde zudem dargelegt, mithilfe welcher MDM-Frameworks und Konzepte die Datenpflege im Unternehmen erfolgen kann, um diese Faktoren zu unterstützen. Auch die Faktoren Datensicherheit und Datenschutz bilden für Unternehmen eine Herausforderung, da Verstöße in diesen Bereichen mit hohen Strafen und Reputationsschäden einhergehen.

Ein Ausblick in die Zukunft des Datenmanagements rückt neue Technologien wie Künstliche Intelligenz ins Licht. Gerade bei der Analyse von unstrukturierten Daten kann KI hohe Effizienzgewinne bringen und wird dies bei fortschreitender Entwicklung voraussichtlich immer schneller und fehlerfreier können. Auch bei der Datenpflege kann KI sinnvoll eingesetzt werden, um beispielsweise unvollständige Kundendatensätze über das Internet zu vervollständigen oder Verbindungen zwischen zugewiesenen Informationen und bestehenden Datensätzen herzustellen.

7 Literaturverzeichnis

Anshari, M., Almunawar, M. N., Lim, S. A. & Al-Mudimigh, A. (2019). Customer relationship management and big data enabled: Personalization & customization of services. In *Applied Computing and Informatics 15*, S. 94-101. Verfügbar unter: https://www.sciencedirect.com/science/article/pii/S2210832718300735 (19.06.2023).

Bekker, A. (2018). *Was ist Big Data? Ein Modewort erklärt.* Verfügbar unter: https://www.scnsoft.de/blog/was-ist-big-data (22.07.2023).

Cleve, J. & Lämmel, U. (2016). *Data Mining.* Oldenburg: De Gruyter.

Deges, F. (2020). *Grundlagen des E-Commerce. Strategien, Modelle, Instrumente.* Wiesbaden: Springer Gabler.

Europäische Union (2016). *Verordnung (EU) 2016/679 – Datenschutz-Grundverordnung.* Verfügbar unter: https://eur-lex.europa.eu/legal-content/DE/TXT/PDF/?uri=CELEX:32016R0679 (30.06.2023).

Fraunhofer-Institut für Sichere Informationstechnologie SIT (2020). *Privacy und Big Data. Studie des Verbundprojekts »Cybersicherheit für die digitale Verwaltung«.* Verfügbar unter: https://www.sit.fraunhofer.de/fileadmin/dokumente/studien_und_technical_reports/Privacy_und_Big_Data.pdf?_=1604585114 (20.05.2023).

Hildebrand, K., Gebauer, M., Hinrichs, H. & Mielke, M. (2008). *Daten- und Informationsqualität. Auf dem Weg zur Information Excellence.* Wiesbaden: Vieweg & Teubner Verlag.

Kollmann, T. (2022). *Digital Business. Grundlagen von Geschäftsmodellen und -prozessen in der Digitalen Wirtschaft.* Wiesbaden: Springer Gabler.

Loshin, D. (2008). *Master Data Management.* Burlington: Morgan Kaufmann.

Newville, M. (2020). *Basic and Complex Data Types.* Verfügbar unter: https://xraypy.github.io/xraylarch/tutorial/datatypes.html (28.06.2023).

Petrovic, M. (2020). Data quality in customer relationship management (CRM): Literature review. In *Strategic Management 25 (2)*, S. 40-47. Verfügbar unter: https://www.researchgate.net/publication/342933695_Data_quality_in_customer_relationship_management_CRM_Literature_review (20.07.2023).

Rashedi, J. & Mauer, L. (2023). *Customer-Data-Plattformen: Grundlagen, Systeme, Implementierung und Prozesse.* Wiesbaden: Springer Gabler.

Rehak, R. (2019). Metadaten: was ist das eigentlich? In Höfner, A. & Frick, V. (Hrsg.), *Was Bits und Bäume verbindet - Digitalisierung nachhaltig gestalten,* S. 61 ff. München: Oekom.

Stedman, C. & Vaughan, J. (2023). *Datenmanagement.* Verfügbar unter: https://www.computerweekly.com/de/definition/Daten-Management/ (12.07.2023).

Trautmann, H., Vossen, G., Homann, L., Carnein, M. & Kraume, K. (2017). *Challenges of data management and analytics in omni-channel CRM. Münster: European Research Center for Information Systems.* Verfügbar unter: https://www.econstor.eu/bitstream/10419/157377/1/884895548.pdf (20.05.2023).

Umbach, G. (2022). *Erfolgreich im Pharma-Marketing. Wie Sie Ärzte, Apotheker, Patienten, Experten und Manager als Kunden gewinnen.* Wiesbaden: Springer Gabler.